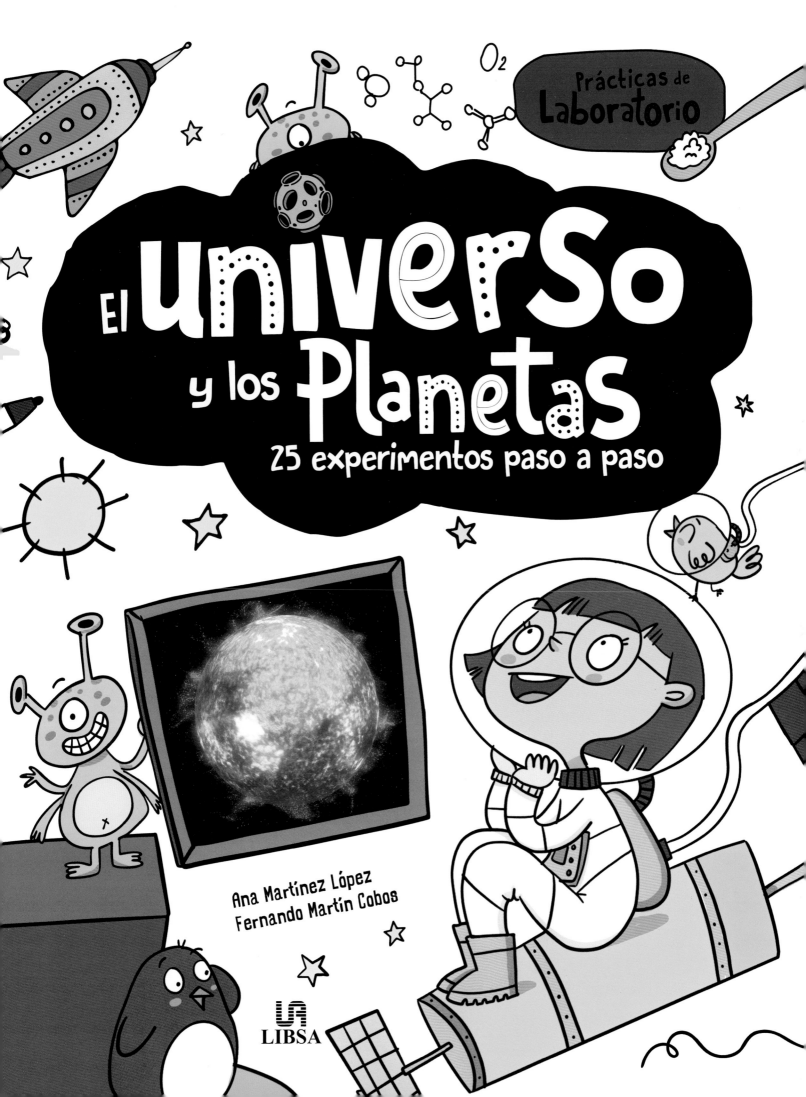

Prácticas de **Laboratorio**

El **universo** y los **Planetas**
25 experimentos paso a paso

Ana Martínez López
Fernando Martín Cobos

LIBSA

© 2023, Editorial Libsa
C/ Puerto de Navacerrada, 88
28935 Móstoles (Madrid)
Tel.: (34) 91 657 25 80
e-mail: libsa@libsa.es
www.libsa.es

ISBN: 978-84-662-4302-5

Textos: Ana Martínez y Fernando Martín
Edición: equipo editorial Libsa
Diseño de cubierta: equipo de diseño Libsa
Maquetación: Roberto Menéndez - Diseminando Diseño Editorial
Ilustración: Susana Hoslet Barrios
Fotografías: Shutterstock Images, Gettyimages

DL: M 29436-2022

Contenido

INTRODUCCIÓN

El Universo es enorme. Seguramente los primeros seres humanos se sintieron abrumados por tanta grandeza y pensaron que la Luna o las estrellas, con su brillo y su belleza inalcanzable, eran algo que solo podían conocer los dioses o los magos. Ahora sabemos que todo tiene un orden y una explicación científica que estás a punto de conocer. Pero además de comprender el espacio, ¿qué te parecería lanzarte a hacer un montón de experimentos?

En este libro tienes la oportunidad de aprender sobre planetas, estrellas, gases y última tecnología aeroespacial. Vas a comprender por qué suceden fenómenos como la falta de gravedad o la presión atmosférica, por qué se hace de día o de noche y por qué hay distintas estaciones, cómo gira nuestro planeta o qué es un eclipse...

Después de entenderlo, puedes ponerte a fabricar tu propio reloj de sol, experimentar con maquetas acerca de los movimientos planetarios o con los efectos de la luz, incluso fabricar un telescopio casero, un cohete o un aerodeslizador. ¡No olvides invitar a todos tus amigos! El buen científico comparte, compara y comenta sus experimentos.

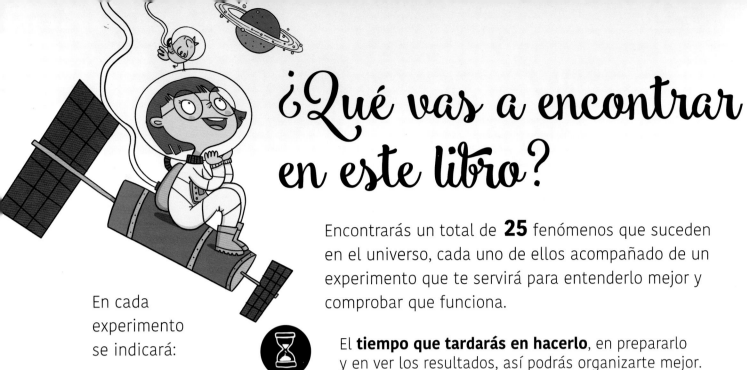

¿Qué vas a encontrar en este libro?

Encontrarás un total de **25** fenómenos que suceden en el universo, cada uno de ellos acompañado de un experimento que te servirá para entenderlo mejor y comprobar que funciona.

En cada experimento se indicará:

El **tiempo que tardarás en hacerlo**, en prepararlo y en ver los resultados, así podrás organizarte mejor.

Necesitas

Una **lista con los materiales** que necesitarás. La mayoría podrás encontrarlos en casa así que podrás tener tu propio laboratorio casero.

Unas **indicaciones de alerta**, por si el experimento requiere la ayuda de una persona adulta. Aunque ninguno de los experimentos que encontrarás en este libro es peligroso, en ocasiones te indicará que pidas ayuda o supervisión.

Algunas **recomendaciones** para mejorar tu experimento.

Una **lista paso por paso de cómo realizar el experimento**. El orden de los pasos es importante, así que asegúrate de seguirlo.

Un **apartado de explicación** del experimento y cómo ayuda a entender ese fenómeno de la naturaleza.

Recuerda siempre lo más importante

El principal objetivo de este libro es que te diviertas mientras aprendes, la ciencia es y puede ser muy divertida, así que usa la imaginación, disfruta los experimentos y ten siempre curiosidad por **saber más.**

La gravedad nos sostiene

¿Por qué nos quedamos sujetos al suelo y cuando saltamos volvemos a caer? Esto se debe a una fuerza invisible: la gravedad.

La ley de la gravedad la descubrió el científico Isaac Newton en el siglo XVII. Cuenta la leyenda que un día, mientras leía bajo un manzano, una manzana cayó sobre su cabeza y buscó una explicación a por qué caían los objetos.

La gravedad es una fuerza que ejerce la Tierra desde su núcleo, en el centro, que atrae los elementos hacia ella. Alrededor de ella hay una zona gravitacional, donde cualquier elemento que se encuentre cerca será atraído.

Además, cuanto más pese un objeto, más atraído se sentirá. Si no existiera la gravedad no podríamos estar de pie o cuando lanzáramos una pelota al aire, nunca caería. Esto mismo ocurre con los planetas, la gravedad los sostiene girando alrededor del Sol; o con la Luna, que se mantiene alrededor de la Tierra porque está dentro de su zona gravitacional.

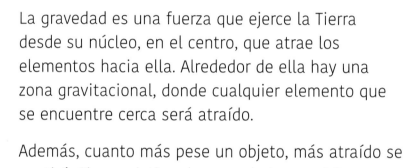

Paracaídas multicolores

Necesitas

- Papeles de seda de tres colores diferentes
- Una regla
- Un lápiz
- Unas tijeras
- Un carrete de hilo
- Cinta adhesiva
- Seis clips
- Una silla

20 minutos de preparación

Atención

Cuidado con las tijeras, ¡no te cortes!

01

Dibuja y recorta un cuadrado en cada papel de seda: uno de 15 cm, otro de 20 cm y otro de 25 cm por cada lado.

02

Corta 12 trozos de hilo de 15 cm cada uno.

03

Pega con la cinta adhesiva cada hilo a una esquina de cada cuadrado.

04

Anuda juntos los extremos de los hilos de cada cuadrado.

05

Engancha los clips por parejas y coloca cada pareja en el nudo de un paracaídas.

06

Sube a una silla y lanza al aire cada paracaídas. ¿Cómo cae cada uno?

¿Qué está pasando?

La gravedad empuja cada paracaídas hacia abajo, pero el aire atrapado bajo el papel lo frena y cae despacio. Los grandes caen más lentos porque tienen más aire atrapado. Prueba a poner más peso: ¡caerá más rápido!

Equilibrios en el aire

¿Alguna vez has visto una hoja moverse atrapada por el viento? Cuando una corriente de aire atrapa un objeto con poco peso es capaz de moverlo en cualquier dirección y, a veces, también en dirección ascendente, haciendo que parezca que esos objetos están flotando.

En realidad, lo que estamos viendo es un momento en el que se están equilibrando dos cosas: la fuerza de la gravedad y la fuerza con la que la corriente de aire empuja el objeto hacia arriba.

La fuerza de la gravedad funciona como si constantemente tiraran de cualquier otro objeto hacia el suelo. Podemos

superar la gravedad haciendo un esfuerzo, como saltar, pero en el momento en el que perdemos impulso, la gravedad vuelve a ser más fuerte y caemos al suelo.

Lo mismo ocurre con las corrientes de aire que ascienden y los objetos que arrastran con ellas: si se equilibran ambas fuerzas, se puede hacer que el objeto flote. Parece magia, ¡pero es ciencia!

gravedad   gravedad

Resistencia del aire

La pelota que flota

10 minutos de preparación

Necesitas
- Un secador de pelo
- Una pelota de pimpón

Recomendación
Pide ayuda para usar el secador y ponlo en modo frío, si lo tiene, para ahorrar energía.

01 Coloca el secador de pelo apuntando hacia arriba y enciéndelo.

02 Sujeta la pelota en el centro del chorro de aire que sale del secador.

03 Suelta la pelota por encima del secador y observa cómo se comporta. ¿Qué le está pasando?

04 Empuja suave con el dedo la pelota fuera del chorro de aire y observa cómo reacciona.

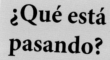

05 Prueba otras variaciones, como soltar la pelota a diferentes alturas, empújala más fuerte, etc.

¿Qué está pasando?

La corriente de aire del secador de pelo tiene potencia suficiente para empujar hacia arriba la pelota, que pesa muy poco. Cuando la fuerza con la que lo empuja hacia arriba se equilibra con la de la gravedad que la empuja hacia abajo, se queda flotando. Si se sale de la corriente, se cae.

¿Para qué sirve la atmósfera?

La atmósfera es una capa de gas que rodea y protege a la Tierra: de los rayos solares, de los meteoros, ayuda a mantener su temperatura, etc. Por eso se suele decir que la atmósfera es lo que permite que haya vida en nuestro planeta.

Está formada por muchas capas en la que ocurren cosas diferentes. Vamos a verlas una por una con su grosor y características.

La **troposfera** está más cerca del suelo, a unos 10 km, y es donde se encuentra el aire que respiramos, por donde viajan los aviones y donde están las nubes y la lluvia.

La **estratosfera** mide entre 10 y 50 km de altura y acumula muchos gases en diferentes capas, como por ejemplo la capa de ozono, que es la que nos protege de los rayos del sol.

La **mesosfera** está a entre 50 y 80 km de altura, es donde suelen descomponerse los meteoroides.

La **termosfera** mide entre 80 y 400 km y por ella circulan muchas señales de radio y televisión.

La **exosfera**, la última de las capas, que se sitúa entre 400 y 10 000 km, y se encuentra en contacto con el espacio exterior.

EXOSFERA

TERMOSFERA

MESOSFERA

ESTRATOSFERA

TROPOSFERA

Comprueba...
¿Qué pasará?

Al crear estas capas hemos simulado las capas de la atmósfera. Los objetos se quedan en cada lugar al igual que los que inciden sobre el planeta Tierra: las capas de la atmósfera cumplen diferentes funciones y cada una nos protege de cosas diferentes.

Las capas que nos protegen

Necesitas

- Miel
- Leche
- Jabón líquido
- Agua
- Aceite
- Alcohol
- Un tornillo
- Un corcho
- Un grano de maíz o una pasa
- Una chapa de una botella
- Un frasco o vaso transparente alto

10 minutos de preparación

Recomendación

Puedes teñir el agua y el alcohol con colorante alimenticio para darle un toque de color a tu experimento.

01

Añade en el vaso, lentamente y por orden, cada uno de los ingredientes tratando de que no choquen con las paredes: miel, leche, jabón líquido, agua, aceite y alcohol.

02

Observa cómo los líquidos no se mezclan y en tu vaso se ha creado una bonita escala de colores.

03

Deja caer sobre los líquidos los objetos uno a uno: el tornillo, el grano de maíz o pasa, la chapa y el corcho. Los líquidos de distinta densidad, no se mezclan y los objetos se quedan en la capa según su peso.

04

¿Qué le pasa a cada objeto cuando cae? ¿Dónde se quedan? ¿Llegan todos al fondo?

11

La presión de la atmósfera

Imagina que sobre ti hay una columna de aire que llega hasta arriba de la atmósfera. Todo ese aire tiene un peso, aunque es muy muy poco y estamos bien acostumbrados, eso no significa que no esté sobre nosotros.

La presión atmosférica es la fuerza que hace el peso del aire que tenemos sobre nosotros en un punto concreto. La presión no es la misma en todas las partes del mundo. Por ejemplo, varía con la **altitud**, en lo alto de las montañas es menor que junto al mar, ya que cuanto mayor sea la altura a la que estemos, más pequeña es la columna de aire y, por lo tanto, menos peso.

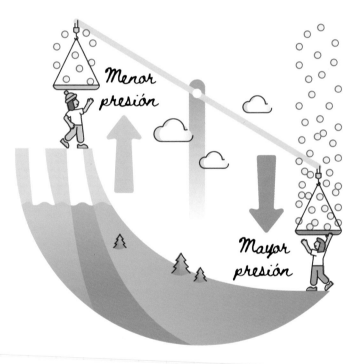

Menor presión

Mayor presión

Borrasca

Anticiclón

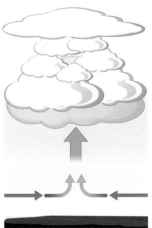

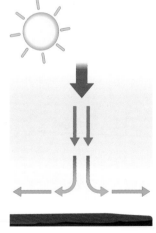

Área de baja presión

Área de alta presión

Y si quieres ser un gran meteorólogo, debes saber: estos cambios en la presión tienen efectos importantes en las corrientes y las masas de aire, por eso está relacionado con el tiempo atmosférico. Por ejemplo, una **borrasca** (lluvias y frío), está relacionado con bajas presiones, mientras que los **anticiclones** (sol y buen tiempo) está relacionado con las altas presiones.

Un huevo en una botella

 5 minutos de preparación

 15 minutos de observación

Necesitas

- Un huevo cocido
- Algodón
- Alcohol
- Una cerilla
- Una botella de vidrio de cuello ancho (unos 4 cm de diámetro)

Atención

No utilices la cerilla ni el alcohol sin la supervisión de un adulto.

01

Pela el huevo cocido hasta quitar toda la cáscara.

02

Moja el algodón en el alcohol y déjalo caer en el fondo de la botella.

03

Enciende la cerilla, con cuidado, y déjala caer en el fondo de la botella sobre el algodón para que prenda.

04

Coloca rápidamente el huevo cocido y pelado en posición vertical sobre la botella, como si lo usaras de tapón.

05

Espera y observa con atención lo que ocurre.

¿Qué está pasando?

Al encender con la cerilla el algodón empapado en alcohol, el aire que hay dentro de la botella se consume y se queda vacía. Como no hay nada que compense la presión que empuja el huevo hacia abajo, poco a poco se va colando dentro de la botella.

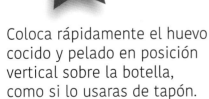

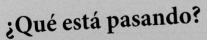

La Tierra gira: el efecto Coriolis

El planeta Tierra tiene dos movimientos clave: uno de ellos es su desplazamiento alrededor del Sol, que se llama traslación; y otro es el movimiento que hace sobre sí misma, que se llama rotación. El movimiento de rotación es el responsable de que tengamos el día y la noche, pero también de otro fenómeno llamado «el efecto Coriolis».

Al estar la Tierra en constante movimiento dando vueltas sobre sí misma, es decir, girando sobre su propio eje, esto afecta a las corrientes de viento y de agua que hay en su superficie. Es algo que podemos notar fácilmente en varios fenómenos.

Por ejemplo, uno es la dinámica de vientos, o la dirección que siguen habitualmente los vientos en las distintas zonas del planeta. Esto hace que los vientos cercanos al ecuador vayan hacia el oeste, tanto en el hemisferio norte como en el sur.

Otro momento en el que podemos comprobarlo es cuando se forman las borrascas, tormentas o huracanes, que, debido al movimiento de rotación, siempre tienen forma de espiral. El giro qe tiene las corrientes de agua o de aire (y que es diferente en un hemisferio y en otro) se debe al efecto Coriolis.

Efecto Coriolis

Dirección de la rotación terrestre

¿Los aviones vuelan en línea recta?

20 minutos de preparación

Recomendación
Necesitarás la ayuda de otra persona.

Necesitas
- Un trozo de cartón
- Un lápiz
- Unas tijeras
- Cinta adhesiva
- Un rotulador

01

Con ayuda de la tijera, haz un pequeño agujero en el centro del trozo de cartón.

02
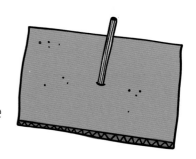

Mete el lápiz en el agujero y pégalo con cinta adhesiva. Asegúrate de que, al girarlo, el cartón también gira.

Marca dos puntos con rotulador en los extremos del cartón.

03

04
Pide ayuda a otra persona para que sujete el lápiz y coloca el rotulador en uno de los puntos.

05
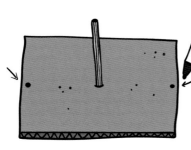

Pide a la otra persona que comience a girar el lápiz mientras tratas de unir los dos puntos con una línea recta con el rotulador. ¿Consigues hacer una línea recta? ¡No! ¡Es curva!

¿Qué está pasando?

Sucede lo mismo con los aviones: como la Tierra gira sobre sí misma, conectar dos ciudades en línea recta no es posible y siempre trazan una curva.

Las estaciones del año

El año se divide en cuatro estaciones distintas: primavera, verano, otoño e invierno. Pero no en todas las partes del mundo es la misma estación, sino que en el hemisferio norte y en el hemisferio sur las estaciones son opuestas. Si en el hemisferio norte es verano, en el sur es invierno y lo mismo ocurre con la primavera y el otoño.

La razón por la que esto sucede es que el eje de la Tierra está inclinado con respecto al Sol. Esta inclinación hace que, a medida que la Tierra gira alrededor del Sol, en lo que se llama movimiento de traslación, los rayos del sol no lleguen de igual forma a todas las zonas del planeta.

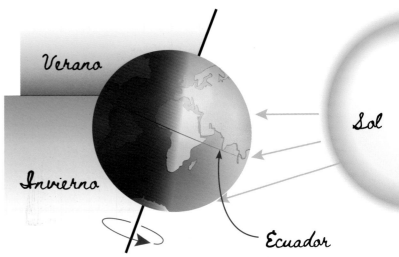

En las zonas en las que los rayos del sol llegan de manera más directa estaremos en las estaciones más cálidas y en las zonas en las que los rayos llegan menos directos tendremos las estaciones frías, como puede verse en el esquema superior.

Comprueba... ¿Qué pasará?

La bola inclinada es la Tierra; la elipse, el movimiento de traslación y la lámpara, el Sol. En el punto más alejado del «Sol» en el hemisferio norte sería verano y en el sur, invierno; cuando se acerca, ocurrirá al revés.

Del verano al invierno

30 minutos de preparación

Necesitas

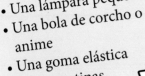

- Una lámpara pequeña
- Una bola de corcho o anime
- Una goma elástica
- Dos pegatinas
- Plastilina
- Un palillo
- Una cartulina
- Un rotulador

Atención

Cuidado con la bombilla ¡No te quemes!

Recomendación

Haz el experimento en una habitación a oscuras para poder distinguir mejor lo que está pasando. Quítale la pantalla a la lámpara para que se quede la bombilla sin cubrir.

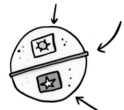

O1

Coloca la goma elástica alrededor del centro de la bola para marcar el ecuador. Luego, coloca una pegatina a cada lado de la goma.

O2

Clava el palillo en el centro de la bola, inclínala un poco hacia un lado y asegúrala con plastilina para que no se mueva.

O3

Dibuja en la cartulina una elipse que una sus cuatro lados y colócala en el suelo con la lámpara dentro más cercana a uno de los lados cortos de la cartulina. Enciende la lámpara y apaga la luz.

O4

Coloca la estructura de la pelota sobre la línea, en el lado contrario a donde está la lámpara y con inclinación hacia ella.

O5

Deberás mover la estructura siguiendo la línea, pero sin cambiar la dirección de inclinación. Cuando te pares, gira la pelota para dirigir las pegatinas hacia la lámpara. ¿Cómo se ve la sombra en las pegatinas a lo largo de la línea?

¿Cómo da vueltas la Tierra al Sol?

Todos los planetas del Sistema Solar giran en torno al Sol, pero no todos tienen exactamente la misma trayectoria. El recorrido alrededor del Sol tiene mayor o menor tamaño según la distancia a la que estén, lo que influye en la duración de un año en cada uno de esos planetas y la temperatura.

Aunque los planetas giran alrededor del Sol, en el Sistema Solar, el recorrido que hacen no es circular, sino que tiene forma de **elipse**, excepto en el caso de Mercurio, que es el planeta más cercano al Sol, que tiene una trayectoria más o menos ovalada (casi circular).

Sistema Solar

Júpiter

Urano

Mercurio

Tierra

Venus

Sol

Saturno

Marte

Neptuno

Mercurio

Sol

No se trata de que Mercurio tenga un movimiento distinto al resto de los planetas, sino que cuanto más nos acercamos al centro de una elipse, la forma que tiene es cada vez más **circular** y a medida que nos alejamos más, la elipse se va aplanando.

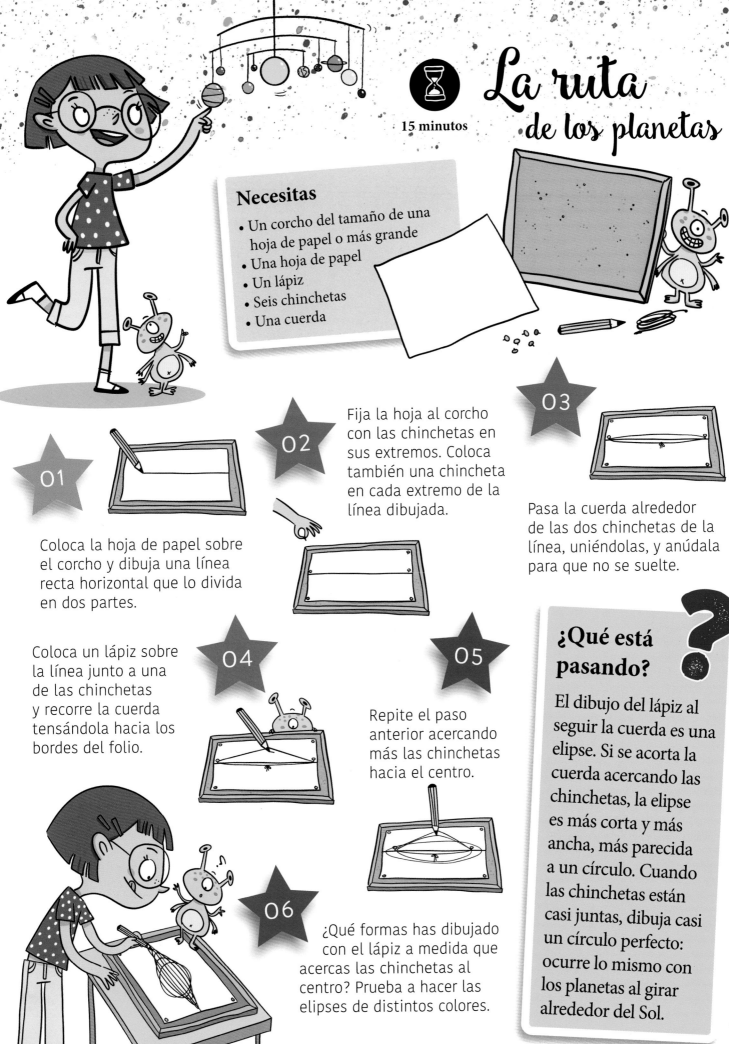

La ruta de los planetas

15 minutos

Necesitas

- Un corcho del tamaño de una hoja de papel o más grande
- Una hoja de papel
- Un lápiz
- Seis chinchetas
- Una cuerda

01

Coloca la hoja de papel sobre el corcho y dibuja una línea recta horizontal que lo divida en dos partes.

Coloca un lápiz sobre la línea junto a una de las chinchetas y recorre la cuerda tensándola hacia los bordes del folio.

02

Fija la hoja al corcho con las chinchetas en sus extremos. Coloca también una chincheta en cada extremo de la línea dibujada.

03

Pasa la cuerda alrededor de las dos chinchetas de la línea, uniéndolas, y anúdala para que no se suelte.

04

05

Repite el paso anterior acercando más las chinchetas hacia el centro.

06

¿Qué formas has dibujado con el lápiz a medida que acercas las chinchetas al centro? Prueba a hacer las elipses de distintos colores.

¿Qué está pasando?

El dibujo del lápiz al seguir la cuerda es una elipse. Si se acorta la cuerda acercando las chinchetas, la elipse es más corta y más ancha, más parecida a un círculo. Cuando las chinchetas están casi juntas, dibuja casi un círculo perfecto: ocurre lo mismo con los planetas al girar alrededor del Sol.

19

Señor Sol, ¿me puede decir qué hora es?

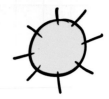

Si quieres saber qué hora es solo tienes que mirar el reloj de tu muñeca o el de casa, pero ¿cómo se medía el tiempo antes, cuando no existían los relojes? La clave está en la posición del Sol.

Nuestro planeta está en constante movimiento, tanto alrededor del Sol, con el movimiento de **traslación**, como rotando sobre sí mismo. La Tierra da vueltas sobre sí misma, el movimiento de **rotación** sobre su eje es un período de 24 horas, es decir, un día.

El eje sobre el que la Tierra gira sobre sí misma no está recto sino inclinado unos 23 grados. Así, desde nuestra perspectiva, el Sol recorre el cielo de este a oeste, como vemos desde el amanecer hasta la puesta de Sol marcando la curva durante todo un día.

Sol

Movimiento de traslación de la Tierra

Movimiento de rotación

23 °

Para medir el tiempo cuando no había relojes, las antiguas civilizaciones crearon el reloj de sol, que dice la hora según la sombra que da el Sol a medida que recorre el cielo, que cambia de posición y tamaño según la hora y el día del año.

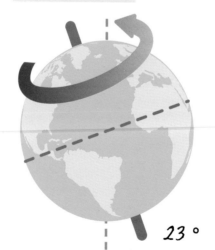

Crear un reloj de sol

15 minutos de preparación

1 día de observación

 Atención

Cuidado con las tijeras, ¡no te cortes!

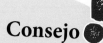 **Consejo**

Puedes hacer este experimento en un lugar abierto, como el campo o la playa, utilizando rocas para marcar las horas y un palo para comprobar las sombras.

Necesitas
- Un plato de papel
- Un rotulador
- Una regla
- Un lápiz
- Plastilina
- Unas tijeras
- Una brújula
- Un reloj

01 Marca las horas en el plato con el rotulador y la ayuda de una regla.

02 Con las tijeras, haz un agujero justo en el centro del plato.

"Tic Tac"

03 Introduce el lápiz en el agujero e inclínalo un poco hacia el norte si estás en el hemisferio norte y hacia el sur si estás en el hemisferio sur. Ayúdate de la brújula para este paso. Usa la plastilina para asegurar el soporte del lápiz.

04 A las 12:00 del mediodía, coloca el plato en un lugar soleado sin sombras. Gira el plato hasta que la sombra del lápiz coincida con el número 12 marcado en tu plato.

05 Regresa a ver el plato cada hora. ¿Dónde está la sombra?

¿Qué está pasando?

La sombra del lápiz se va moviendo a medida que pasan las horas. No es un reloj exacto, porque no tiene en cuenta la inclinación del eje terrestre, pero ayuda a entender cómo marca el reloj de sol: la sombra no es la que se mueve, es la Tierra la que va girando y haciendo que la luz del sol incida en el lápiz.

21

Los eclipses

Los eclipses, ya sean de Sol o de Luna, son uno de los fenómenos que más ha despertado la imaginación del ser humano desde siempre. Civilizaciones tan antiguas como la egipcia, la azteca o la maya ya se preocupaban por los eclipses, incluso sabían predecir cuándo tendrían lugar.

S e han considerado símbolo de que se avecinaba un gran cambio o un mensaje de los dioses, pero la realidad es que se deben a los movimientos de traslación de la Tierra y la Luna.

De la misma forma que la Tierra gira alrededor del Sol, la Luna lo hace alrededor de nuestro planeta. Eso hace que, cuando se dan las condiciones adecuadas, la Luna se coloca entre el Sol y la Tierra, dando la impresión de que el Sol se oculta en pleno día, casi como si fuera de noche. Cuando es un eclipse de Luna, es la Tierra la que se coloca entre el Sol y la Luna.

Es muy peligroso mirar directamente un eclipse porque, aunque nos parece que el Sol está oculto por la Luna, los rayos nos siguen llegando igual y esto puede causar daños irreparables en nuestra retina.

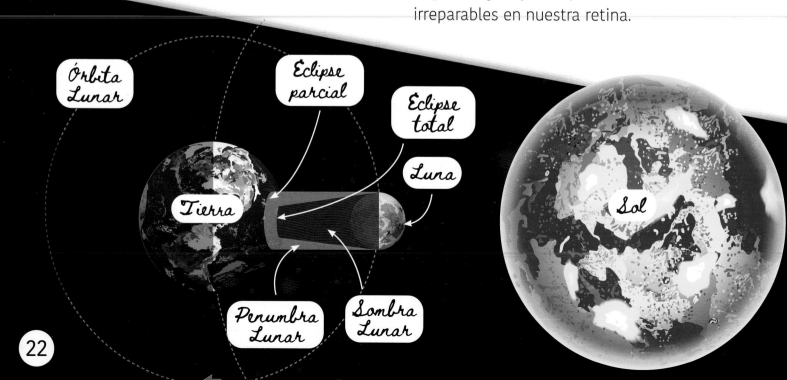

Órbita Lunar

Eclipse parcial

Eclipse total

Luna

Tierra

Sol

Penumbra Lunar

Sombra Lunar

La caja de los eclipses

20 minutos de preparación

Atención
Cuidado con las tijeras, el alfiler y el cúter, ¡no te cortes!

Necesitas
- Una caja de cartón con su tapa
- Un tubo de cartón
- Pintura blanca
- Un pincel
- Un alfiler
- Cinta adhesiva
- Unas tijeras
- Un cúter
- Un lápiz

01 Pinta el fondo de la caja con pintura blanca.

02 Coloca el tubo de cartón en un lateral corto de la tapa de la caja, marca su contorno con un lápiz y recórtalo con el cúter.

03 Pega el tubo de cartón al agujero con cinta adhesiva.

04 Con el alfiler, haz un pequeño agujero en la tapa de la caja en el lado opuesto a donde has colocado el tubo.

05 Ahora puedes disfrutar del eclipse de manera segura mirando a través del tubo de cartón.

¿Qué está pasando?

Si miras el interior de la caja durante un eclipse verás lo mismo que en el cielo, pero con seguridad. Por el agujero se cuela la luz del Sol, se proyecta en la caja y lo ves por el tubo.

¡El Sol está que arde!

¿Sabías que el Sol es una estrella? Alrededor de ella giran todos los planetas del Sistema Solar, gracias a la atracción que sufren por su gravedad, como la atracción que sienten los objetos hacia la Tierra.

El Sol está formado por gases muy calientes. ¡Su superficie está a 5 500 °C! En su núcleo se producen explosiones de hidrógeno que generan energía. Esta energía es transportada por unas partículas llamadas fotones, que viajan hasta la Tierra. Además de luz, el Sol genera calor, pero no es una fuente eterna de energía. Tiene 4,5 mil millones de años y ha gastado casi la mitad del hidrógeno de su núcleo.

Esta pelota roja gigante es una enorme fuente de energía que permite vivir a animales y plantas en la Tierra. Nuestro planeta se encuentra a la distancia perfecta, ni muy cerca ni muy lejos del Sol, para poder captar los rayos y el calor sin que cause grandes efectos negativos. ¡Es fundamental para la vida en la Tierra!

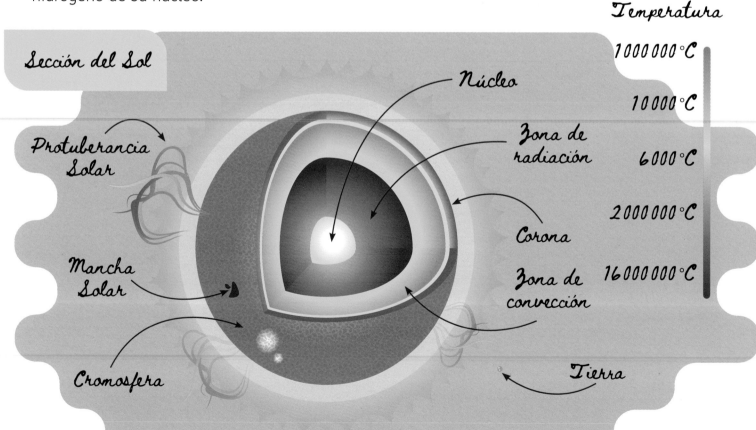

Sección del Sol

Protuberancia Solar

Mancha Solar

Cromosfera

Núcleo

Zona de radiación

Corona

Zona de convección

Tierra

Temperatura

1 000 000 °C

10 000 °C

6 000 °C

2 000 000 °C

16 000 000 °C

¿De qué color me visto?

Necesitas

- Cuatro cartulinas de colores: negro, blanco, amarillo y rojo
- Cuatro cubitos de hielo

5 minutos de preparación

30 minutos de observación

Recomendación

Para que se vea mejor el efecto, coloca el experimento en una zona donde incidan los rayos de sol directamente.

O1

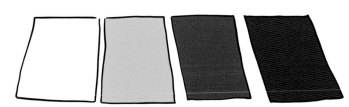

Coloca las cartulinas una al lado de la otra sobre un lugar al sol.

O2

Tras 10 minutos, toca con tu mano cada cartulina y trata de identificar cuál está más caliente.

O3

A continuación pon un cubito de hielo sobre cada cartulina.

O4

Observa cómo se han derretido los hielos al pasar 10 o 20 minutos.

¿Qué está pasando?

El negro es el color que más absorbe el calor, así que es el primero en calentarse. Por el contrario, el blanco es el que más lo refleja, así que tardó mucho más. El resto de colores solo absorben un poco, así que puedes hacer una escala de «menor a mayor». Si no quieres pasar calor, ¡viste de blanco!

El color del cielo

¿De qué color es el cielo? Seguro que tu primera respuesta es «azul», pero debes saber que el cielo no es azul, sino que «lo vemos» azul.

El cielo de por sí no tiene un color definido. Lo que ven nuestros ojos es la luz del Sol que se refleja en la capa de aire que recubre el planeta, la atmósfera.

La luz del Sol se ve blanca y se descompone en los colores del arcoíris. Cuando los rayos de sol llegan a la atmósfera, hay colores que consiguen atravesarla y otros que no. Este es el caso del azul, que no consigue cruzar y se queda atrapado, haciendo que el cielo nos parezca de color azul.

Pero el azul no es el único color del cielo que reconocemos. Al atardecer o al anochecer el cielo parece naranja o rojo. A medida que el Sol se acerca horizonte, la luz tiene que atravesar más veces la atmósfera hasta llegar a nuestros ojos. Así, los tonos azules se dispersan, pero los naranjas se quedan, creando estos colores tan bonitos que nos ofrece la naturaleza.

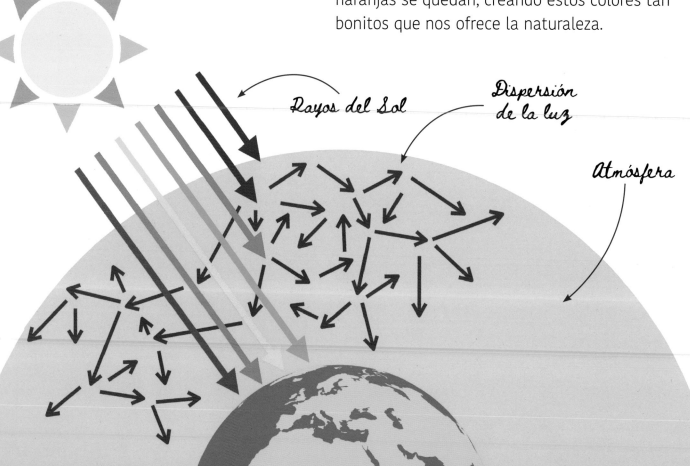

Rayos del Sol

Dispersión de la luz

Atmósfera

¿La leche es blanca o azul?

Necesitas

- Un vaso grande transparente
- Leche
- Agua
- Una linterna
- Una hoja de papel

5 minutos de preparación

Recomendación

Apaga la luz de la habitación para que tu experimento se vea mejor.

01 Llena el vaso trasparente con agua.

02 Añade unas gotas de leche. Fíjate en el color del agua.

03 Apaga la luz de la habitación e ilumina el vaso con una linterna.

04 Y, ahora, ¿de qué color se ve el agua?

05 Coloca una hoja de papel tras el vaso al otro lado de la linterna. ¿De qué color es la luz que da en el papel?

¿Qué está pasando?

La leche dispersa la luz de la linterna, igual que la atmósfera dispersa la del sol. Cuando apuntamos la luz de la linterna hacia el recipiente, su contenido se ve azul porque es el color que ha quedado «retenido» en la leche. Cuando colocamos el papel al otro lado, vemos que la luz de la linterna se refleja amarilla.

La luz que no vemos

La luz no se comporta siempre de la misma manera y no todos los objetos que emiten luz lo hacen con el mismo tipo. Por ejemplo, no es lo mismo la luz del sol que la luz de una lámpara, la que proyecta una linterna o la de un láser. El tipo de luz depende del tipo de ondas que se emitan.

Nuestros ojos están preparados para captar la luz que se encuentra en lo que se conoce como el «espectro visible», que son el tipo de ondas que podemos distinguir. Pero también existen otros tipos, como los infrarrojos o la luz ultravioleta, que, aunque no somos capaces de percibirlas a simple vista, no significa que no estén ahí.

La presencia de estas ondas y este tipo de luz que no podemos ver a simple vista hace que a veces tengamos que protegernos de ella. Por ejemplo, nos echamos crema solar para protegernos de la radiación ultravioleta del sol. Por eso podemos quemarnos en un día nublado, porque, aunque nos parece que no nos da tanta luz como para quemarnos, la luz ultravioleta sí que nos llega y nos puede producir quemaduras en la piel. ¡Al aire libre debes protegerte de los rayos del Sol!

¿Cómo vemos los colores?

infrarroja

ultravioleta

espectro visible

¿Qué sale del mando a distancia?

Necesitas

- Un mando a distancia
- Un teléfono móvil con cámara

5 minutos de preparación

01
Siéntate y toma posición. Apunta el mando a distancia hacia la cámara del teléfono móvil.

02
Mira el mando a través de la cámara del móvil. ¿Ves algo? ¿Imaginabas algo así?

03
Sin dejar de mirar el móvil ni de apuntar a él con el mando, aprieta cualquier botón del mando.

¿Qué está pasando?

¡Hay una luz invisible! El mando funciona emitiendo señales infrarrojas hacia los electrodomésticos. Nuestro ojo no está preparado para captar la radiación infrarroja, pero la cámara del teléfono sí que puede hacerlo.

04
¿Qué has visto? ¿Hay diferencia si lo miras con y sin el móvil?

¿Cuánto mide la Luna?

En la actualidad, la humanidad envía satélites, sondas y otros artefactos de exploración espacial por el universo para que recopilen información y nos la envíen. Esto nos permite conocer mucho más sobre las estrellas, planetas y galaxias que nos rodea.

Antes no existían estos instrumentos. Muchas de las teorías que formularon las antiguas civilizaciones egipcias o griegas se han demostrado unos cuantos siglos más tarde. ¿Cómo podían conocerlo antes sin nuestros sofisticados instrumentos?

Algunas de las soluciones eran muy ingeniosas, como, por ejemplo, emplear las sombras para calcular los tamaños. Fue el griego Hiparco quien trató de calcular el tamaño de la Luna por primera vez. Aprovechó un eclipse lunar, cuando la Tierra se interpone entre el Sol y la Luna, para ver cuánto necesitaba desplazarse nuestro satélite para salir de la sombra de la Tierra. Al necesitar desplazarse unas tres veces su diámetro, se calculó que medía aproximadamente tres veces menos que la Tierra.

Comprueba... ¿Qué pasará?

Al caer la luz directamente sobre la pelota, la sombra que proyecta es prácticamente idéntica a su tamaño real. Esto es lo que ocurre, a veces, en un eclipse de Luna, como el que aprovechó Hiparco. Has utilizado su misma técnica: si sabes cuántas canicas caben en la sombra de la pelota, sabrás la relación que tienen sus tamaños.

Cálculos con la sombra

Necesitas

- Una regla
- Una pelota
- Canicas del mismo tamaño
- Cinta adhesiva
- Una silla
- Un libro
- Una linterna
- Una cinta métrica

20 minutos de preparación

Mide y apunta el diámetro de la pelota y de cada una de las canicas.

01

02

Pega con cinta adhesiva la pelota al extremo de la regla.

Recomendación

Apaga la luz de la habitación para que tu experimento se vea mejor.

03

Apoya la mitad de la regla en el borde de una silla de manera que la otra mitad quede flotando en el aire.

Coloca un libro en la silla para hacer de contrapeso y que la pelota no se caiga.

04

Apunta desde arriba con una linterna hacia la pelota que flota en el aire.

05

Coloca las canicas en fila hasta cubrir la sombra de la pelota de un lado a otro.

06

Compara los resultados. Multiplica el número de canicas que has utilizado por su diámetro.

Las fases de la Luna

La Tierra, a diferencia de otros planetas como Júpiter, (ise cree que tiene 600 lunas!) solo tiene un satélite natural: la Luna.

La luna gira alrededor de la Tierra y está a unos 384400 km de ella. Aunque parezca mucho, es el cuerpo celeste más cercano y podemos observarla a simple vista. Aunque podemos pensar que la Luna brilla con luz propia por la noche, en realidad solo refleja la luz del Sol. Según su posición, podemos verla más o menos iluminada, esto es lo que conocemos como las fases lunares.

Cuando la Luna está completamente iluminada, se dice que está «llena». Cuando no la vemos nada iluminada se llama «luna nueva». Entre ambas fases hay otras dos: creciente o menguante, cuando solo se ve una parte de la Luna.

Cómo vemos la Luna también depende del lugar del planeta donde nos encontremos: por ejemplo, cerca del ecuador, la Luna creciente parece una cara sonriente, pero en el resto del mundo parece una «D».

Fases lunares del hemisferio norte

Semana 1	Semana 2	Semana 3	Semana 4	Semana 5
Nueva	1/4	Llena	3/4	Nueva

Fases lunares del hemisferio sur

Semana 1	Semana 2	Semana 3	Semana 4	Semana 5
Nueva	1/4	Llena	3/4	Nueva

Fases lunares en la línea ecuatorial

Semana 1	Semana 2	Semana 3	Semana 4	Semana 5
Nueva	1/4	Llena	3/4	Nueva

La caja lunar

Necesitas

- Una caja de cartón con su tapa
- Pintura negra
- Pinceles
- Una bola de corcho o anime
- Papel de aluminio
- Un palillo
- Plastilina
- Una linterna
- Un cúter
- Cinta adhesiva

30 minutos de preparación

Atención

Cuidado con el cúter, ¡no te cortes!

Recomendación

Apaga la luz de la habitación para que tu experimento se vea mejor. Puedes adornar la caja y colocarle etiquetas.

01

Pinta de negro el interior de la caja, la tapa y el palillo.

02

Envuelve la bola con el papel de aluminio para que quede brillante.

03

Cuanto esté todo seco, recorta un cuadrado a modo de ventana en el centro de tres laterales de la caja.

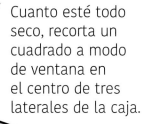

04

En el cuarto lateral, uno de los largos, haz dos agujeros en el centro: una ventana como las anteriores y, a su lado, un agujero donde quepa la linterna.

05

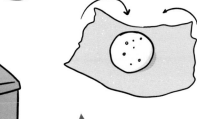

Clava el palillo en el centro de la bola y clávalo en el centro de la base de la caja. Asegúrala con plastilina para que no se mueva.

06

Apaga la luz de la habitación, enciende la linterna y mira por cada una de las ventanas. ¿Cómo se ve la bola por cada ventana?

¿Qué está pasando?

Supongamos que la Luna es la bola y la linterna es el Sol. Completamente iluminada está en fase llena. En el lado contrario solo se ve la sombra, así que está en fase nueva. En los laterales la luz solo llega por un lado, estando creciente o decreciente.

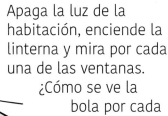

La Luna está sincronizada

Es muy común escuchar que la Luna tiene un «lado oculto» porque siempre nos muestra solo una de sus caras. También habrás escuchado que este es su «lado oscuro», pero esto es un error, ya que todas sus caras reciben luz del Sol, aunque desde la Tierra no lo parezca.

Ambas caras de la Luna tienen ligeras diferencias. Como su cara oculta está más expuesta al resto del espacio, tiene muchos más cráteres causados por el impacto de meteoritos.

La Luna gira alrededor de la Tierra, el movimiento de traslación, y sobre sí misma, el de rotación. Pero estos dos movimientos están sincronizados, es decir, la Luna tarda el mismo tiempo en dar una vuelta alrededor de nuestro planeta que en rotar sobre sí misma: unos 27 días.

Desde la Tierra no podemos ver su cara oculta, pero diferentes investigaciones sí lo han logrado. La primera fotografía tomada de la cara oculta fue realizada en 1959 por la sonda espacial soviética Luna 3.

Comprueba... ¿Qué pasará?

Con este ejercicio has experimentado cómo la Luna (tú con la pelota en la cabeza) da vueltas alrededor de la Tierra (persona sentada). En la primera vuelta, cuando mirabas hacia el Sol (persona de la pared) has demostrado que, si la Luna no girase sobre sí misma, desde la Tierra veríamos todas sus caras. Sin embargo, sabemos que siempre vemos la misma cara de la Luna porque gira sobre sí misma, y esto nos lo demuestra la segunda vuelta. La Tierra siempre ha visto el mismo lado, donde estaba el papel, pero el Sol ha visto diferentes partes, demostrando que la Luna gira también sobre su propio eje.

Buscando el lado oculto de la Luna

Necesitas

- Una silla que pueda girar sobre sí misma
- Una pelota
- Un trozo de papel
- Cinta adhesiva

Recomendación

Necesitarás otras dos personas y una habitación despejada.

01

Pega el trozo de papel a la pelota con la cinta. Y coloca la silla en el centro de la habitación.

02

Pide a una persona que se siente y a la otra que se coloque en la pared. Colócate a dos pasos de la silla con la pelota sobre tu cabeza y el papel en dirección a la silla.

03

Ambas personas deben tratar de ver siempre al trozo de papel, pero la de la pared no puede moverse y la de la silla sí puede girar sobre sí misma.

04

Primero, da vueltas alrededor de la silla mirando siempre hacia la persona de la pared. ¿Qué parte ve cada persona de la pelota?

05

Luego, colócate mirando hacia la silla y da vueltas alrededor de ella sin dejar de miraros. ¿Qué parte de la pelota han visto?

Cráteres y meteoritos

¿Has visto alguna estrella fugaz en el cielo por la noche? En realidad, el término «estrella fugaz» no es científicamente correcto, ya que no son «estrellas». Hay varias palabras que debemos conocer.

Un **meteoroide** es un cuerpo espacial hecho de polvo, hielo o rocas.

Un **meteoro** es la estela luminosa que deja un meteoroide cuando atraviesa la atmósfera, lo que conocemos erróneamente como «estrella fugaz».

Un **meteorito** es un meteoroide que choca contra la superficie de la Tierra porque al atravesar la atmósfera no se ha descompuesto por completo.

La atmósfera es esa capa de gases que hay alrededor de la Tierra y nos protege de muchas cosas. Entre ellas, es capaz de resguardarnos de los meteoroides que chocan con ella y los desintegran, dando lugar a esa luz que tanto reconocemos en el cielo. La mayoría de ellos son pequeños y se pueden desintegrar fácilmente en la atmósfera, pero algunos pueden llegar a impactar en el suelo y dejar un cráter.

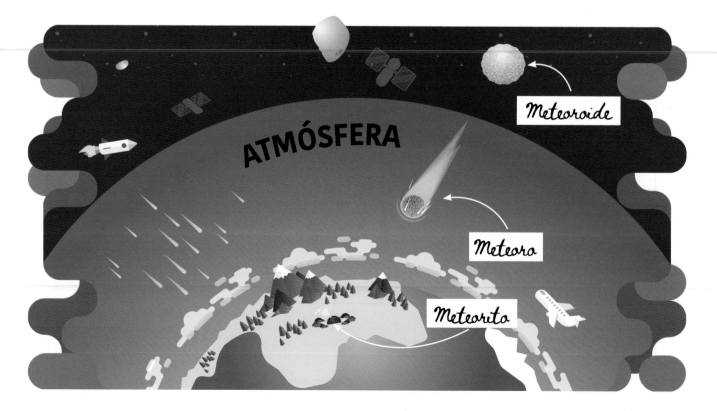

ATMÓSFERA

Meteoroide

Meteora

Meteorito

¡Impacto!

Necesitas

- Objetos esféricos de diferentes tamaños: una pelota de goma, una de béisbol, canicas, bolas de papel o plastilina, etc.
- Tizas de diferentes colores
- Una caja de cartón
- Platos desechables
- Harina

Recomendación

Colócate en una superficie plana y estable, como el suelo, y que se pueda limpiar con facilidad.

30 minutos de preparación

01 Ralla cada color de tiza en un plato diferente.

02 Mezcla la misma cantidad de harina en cada plato de tiza.

03 Añade las harinas a la caja formando capas gruesas.

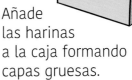

04 Coloca la caja en el suelo y ponte de pie al lado.
Deja caer los objetos a uno sobre la harina y retíralos con cuidado de no tocar la harina.

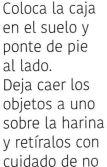

¿Qué está pasando?

Los objetos han hecho un cráter al impactar. Los más pesados han dejado cráteres más profundos. Además, el cráter es ligeramente más grande que el objeto, por la velocidad de caída.

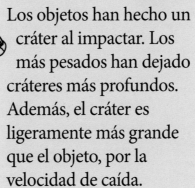

05 Observa los cráteres. ¿Hasta qué capa ha llegado cada objeto?

¿Por qué se flota en el espacio?

¿Alguna vez has sentido que pesas menos cuando bajas en un ascensor? Parece que tu peso ha cambiado, pero es una sensación que se debe a la fuerza de la gravedad.

La gravedad nos atrae, a nuestro cuerpo y a todos los objetos, al centro de la Tierra. Si dejamos caer algo al suelo, estará en caída libre, que es cuando un objeto cae solo por acción de la gravedad.

Para que una persona tenga la sensación de caída libre es necesario bajar muy rápido y que nuestro peso se vuelva insignificante.

La gravedad hace que los planetas y otros objetos y elementos del espacio se atraigan entre sí, pero entre ellos, en el espacio, hay ingravidez. Así, los y las astronautas en el espacio sienten como si estuvieran todo el rato en caída libre.

De hecho, el entrenamiento para astronautas incluye prácticas en caída libre: suben en avión muy alto en la atmósfera y hacen que descienda rápidamente. Cuando el avión cae rápido, da sensación de ingravidez. Es su manera de practicar lo que vivirán en el espacio.

Probar la ingravidez en la Tierra

Necesitas

- Un punzón o un cúter
- Una cámara de vídeo o teléfono con cámara
- Una botella de plástico
- Agua

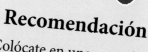
15 minutos de preparación

Atención

Cuidado con el punzón o el cúter, ¡no te cortes!

Recomendación

Colócate en una superficie plana y estable, como el suelo, y que se pueda limpiar con facilidad.

01

Haz un pequeño agujero en la parte baja del lateral de la botella.

02

Tapa el agujero con el dedo y llena la botella de agua hasta la mitad.

03

Colócala en un lugar que se pueda mojar y pide a alguien que grabe en vídeo el siguiente paso.

04

Quita el dedo del agujero, levanta la botella y déjala caer.

05

¿Qué está pasando?

Al soltar la botella, el chorro de agua ya no cae. Has logrado una caída libre y equilibrar la presión. La gravedad y la presión del interior de la botella hacen que el agua salga por el agujero. Pero, al ponerla en caída libre, el peso del agua no influye y no se sale por el agujero.

Mira el vídeo que habéis grabado a cámara lenta. ¿Qué ha pasado con el chorro de agua que sale del agujero?

Los anillos de Saturno

Algunos planetas tienen un círculo de anillos que giran alrededor de ellos. El primero de los planetas del universo que supimos que tenía anillos se encuentra en el Sistema Solar: Saturno.

Con los primeros telescopios ya se podía distinguir el círculo de anillos que rodea el planeta, ya que son bastantes grandes y se pueden ver sin tener aparatos especialmente potentes. A medida que mejoraron los telescopios y otros recursos, como los satélites y sondas espaciales, hemos aprendido más sobre estos anillos y su funcionamiento.

A pesar de que puedan parecer algo homogéneo y liso, en realidad los anillos son una mezcla de partículas, gases, rocas y pequeños asteroides de distinto tamaño que se ven atraídos hacia Saturno por la fuerza de su gravedad y que giran en torno a él por el efecto de esta atracción y la fuerza centrífuga.

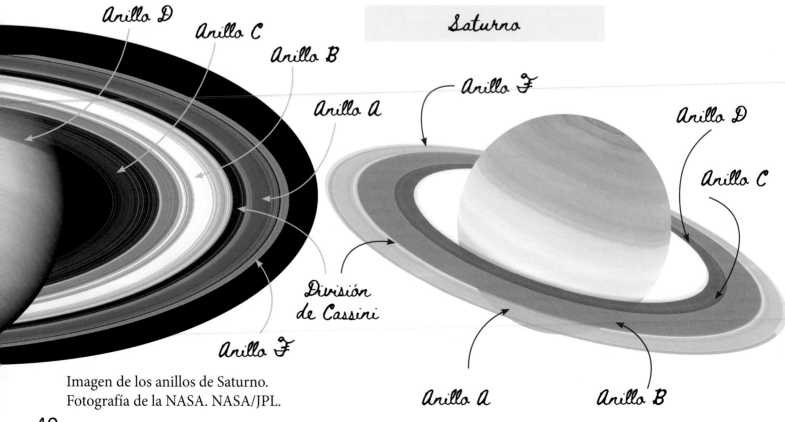

Anillo D
Anillo C
Anillo B
Anillo A
Saturno
Anillo F
Anillo D
Anillo C
División de Cassini
Anillo F
Anillo A
Anillo B

Imagen de los anillos de Saturno.
Fotografía de la NASA. NASA/JPL.

40

Formando anillos

30 minutos de preparación

Necesitas

- Un vaso transparente
- Aceite
- Alcohol
- Agua
- Un palillo

01

Vierte un poco de alcohol en el vaso hasta llenar aproximadamente un tercio de su capacidad.

02

A continuación, deja caer gota a gota un poco de aceite sobre la capa de alcohol.

03

Ahora debes añadir agua hasta llenar el vaso.

04

Coloca el palillo en el centro del vaso y remueve la mezcla con poca fuerza.

05

Observa cómo se comportan las gotas de aceite en el vaso de agua.

¿Qué está pasando?

Las gotas de aceite están suspendidas en la mezcla de agua y alcohol. Cuando el palillo remueve la mezcla, las gotas de aceite se agrupan por efecto de la fuerza centrífuga formando un anillo que gira alrededor, de un modo similar a cómo se comportan las partículas de los anillos de Saturno.

¿Por qué los planetas son redondos?

Los planetas, igual que la mayoría de los cuerpos celestes, como las estrellas o los satélites, tienen forma redonda, esférica. Pero ¿te has preguntado alguna vez por qué? La respuesta es una mezcla de razones.

En primer lugar, está la gravedad, que es la fuerza con la que empuja hacia el centro cualquier objeto o cuerpo. Dependiendo del tamaño y otras características del cuerpo celeste, la fuerza de la gravedad será mayor o menor, pero, en cualquier caso, siempre «tira» de los objetos hacia su centro. Por otro lado, están los movimientos de rotación, es decir, cuando giran sobre su propio eje. Este movimiento hace que las cosas que están más alejadas del eje de rotación giran más rápido, lo que se denomina fuerza centrífuga. Esto es lo mismo que le ocurre a la ropa en la lavadora. Cuando la lavadora gira muy rápido, la ropa se desplaza hacia las paredes porque sufren un empuje que las desplaza al lugar más alejado de su eje.

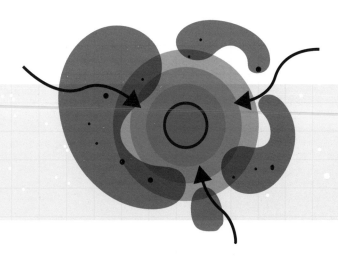

La gravedad atrae la materia hacia el centro.

Si tenemos en cuenta el movimiento que hace que se muevan más deprisa en el centro por la fuerza centrífuga y que la gravedad atrae hacia el centro, los planetas acaban teniendo una forma de esfera en la que se va ensanchando hacia el centro y se estrecha hacia los extremos o polos.

Comprueba... ¿Qué pasará?

El aceite se ha agrupado formando una esfera, como los cuerpos celestes en el espacio. Cuando removemos con el palillo, la burbuja gira sobre sí misma y pasa a ensancharse en torno al centro por el efecto de la fuerza centrífuga, quedando con la misma forma que los planetas, una esfera.

La esfera que se deforma

Necesitas

- El tapón de una botella
- Una piedra que quepa en el tapón
- Un palillo alargado y fino
- Un vaso transparente
- Alcohol
- Aceite
- Agua

15 minutos de preparación

01 Coloca la piedra dentro del tapón de botella.

02 Llena el tapón con la piedra de aceite y colócalo con cuidado en el fondo del vaso transparente.

Añade el alcohol al vaso con cuidado, pegado a una de las paredes del vaso, hasta que cubra un centímetro por encima del tapón aproximadamente.

03

Llena el vaso con agua con cuidado, pegada a las paredes del vaso. Si la mezcla se vuelve turbia, espera un poco hasta que se vuelva transparente de nuevo antes de seguir añadiendo agua hasta llenar el vaso.

04

05

Usa el palillo para remover el agua y hacer girar rápido la burbuja de aceite, con cuidado de no romperla.

06 Cuando coge velocidad, ¿qué forma adquiere la burbuja?

Mirar al cielo de cerca

Al ser humano siempre la ha fascinado mirar al cielo e Imaginarse cómo serían de cerca todos esos pequeños puntos de luz. Fue Galileo Galilei quien en 1609 registró el primer telescopio astronómico, gracias al cual hizo grandes descubrimientos sobre el universo.

Un telescopio es un instrumento que nos permite ver más cerca los objetos lejanos. Funciona gracias a lentes y a la luz. Cuanto más grande sea la lente que utiliza, más luz podrá recoger un telescopio y más grande se verán los objetos lejanos.

Toda esta luz que captan del objeto la enfocan y concentran y la dirigen hacia nuestro ojo gracias a sus lentes. Esto hace que los objetos lejanos se vean mejor y más grandes.

Actualmente, gracias a los telescopios espaciales, podemos observar y fotografiar galaxias y planetas muy lejanos. El telescopio espacial Hubble de la NASA, que está en órbita alrededor de la Tierra desde 1990, logró fotografiar la galaxia más lejana a la Tierra: ¡a 13.700 millones años luz!

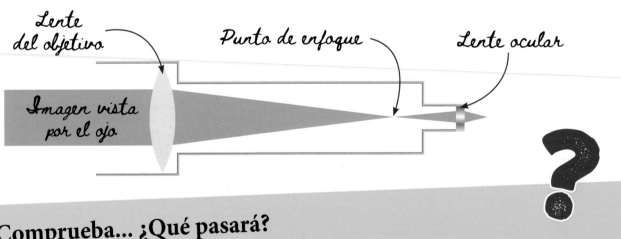

Lente del objetivo

Punto de enfoque

Lente ocular

Imagen vista por el ojo

Comprueba... ¿Qué pasará?

Has construido un telescopio refractor casero. Igual que unas gafas, las lentes de las lupas amplían la luz que pasa a través de ellas. Esta luz «doblada» coincide en otro punto con el foco de la lente pequeña, haciendo que parezca que el objeto se encuentra más cerca. Cuanto más grande sea la lupa, mejor podremos ver los objetos.

Un telescopio en casa

Necesitas

- Dos lentes de lupas: una de unos 3 cm diámetro y otra más grande
- Una cartulina rígida
- Un lápiz
- Cinta adhesiva
- Unas tijeras
- Una regla

Atención

Cuidado con las tijeras, ¡no te cortes!

Recomendación

Utiliza el telescopio en una zona al aire libre y oscura, sin contaminación lumínica.

01

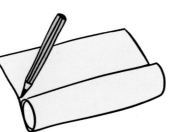

Enrolla la cartulina sobre la lente de lupa y marca su perímetro con un lápiz.

02

Desde esa marca, mide 30 centímetros a lo largo de la cartulina.

03

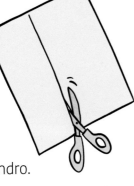

Recorta a lo largo y ancho de las líneas marcadas para obtener un cilindro.

04

Coloca la cartulina recortada alrededor de la lente de lupa y pégala con cinta adhesiva.

05

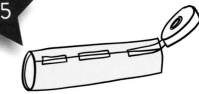

Repite los anteriores pasos con las medidas para la otra lente de lupa.

06

Introduce el tubo pequeño dentro del grande.

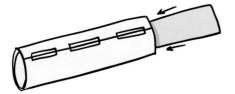

07

Mira a través de la lente de lupa pequeña y mueve las dos lentes de lupas hasta que puedas ver los objetos lejanos con nitidez.

También puedes utilizar la lupa completa, el mango te ayudará a sujetar mejor tu telescopio.

¿Se apagan de noche las estrellas?

Mirar al cielo nocturno es algo que siempre ha fascinado a la humanidad. Pero, ¿por qué brillan las estrellas? Algunas parpadean, otras no, algunas están siempre ahí y otras solo a veces.

Las estrellas son cuerpos celestes hechos de gases que dentro sufren una fusión nuclear. Esta reacción nuclear produce luz y es lo que las hace brillar. Parecen más o menos brillantes según su tamaño y lo lejos que estén de nuestro planeta. Sin embargo, no brillan para siempre, ya que en cierto momento se les acaba el «combustible» con el que hacen la reacción y se apagan.

Desde la Tierra vemos las estrellas de manera diferente y decidimos unir sus puntos formando figuras, que conocemos como constelaciones. Las constelaciones son grupos de estrellas que parecen estar cerca, pero en realidad pueden estar bastante separadas en el espacio. Desde nuestra perspectiva, el escenario que nos muestran las estrellas cambia según se mueve la Tierra o según en qué lugar estemos. Por ejemplo, en el hemisferio norte veremos la Osa Mayor y Casiopea, y en el hemisferio sur veremos Can Mayor y la Cruz del Sur.

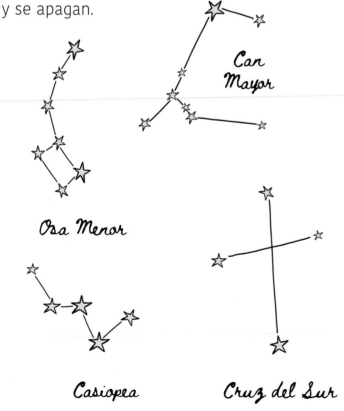

Can Mayor

Osa Menor

Casiopea

Cruz del Sur

Osa Mayor

La estrella que siempre brilla

15 minutos de preparación

Atención

Cuidado con las tijeras, ¡no te cortes! Y no utilices la taladradora o el punzón sin supervisión.

Recomendación

Necesitarás estar en una habitación a oscuras para hacer el experimento. También deberás buscar imágenes de constelaciones para usarlas como modelo.

Necesitas

- Cartulina negra
- Un lápiz
- Una taladradora de papel o un punzón
- Una linterna
- Unas tijeras

01

Con el lápiz, marca sobre la cartulina el contorno del foco de la linterna. Haz tantos círculos como constelaciones quieras hacer y sepáralos en la cartulina.

02

Recorta cada círculo alrededor de la línea que has dibujado, dejando un poco de espacio.

03

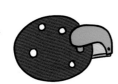

Fíjate en los dibujos de las constelaciones que quieras hacer y utiliza la taladradora para hacerlos igual sobre la cartulina.

¿Qué está pasando?

Las estrellas no se «apagan» de noche, sino que la luz es mucho más intensa y nos impide verlas. De día sí que vemos una gran estrella, el Sol, porque tiene mucha más energía y tamaño que el resto. Las estrellas están ahí, pero el Sol las ciega.

04

En una habitación a oscuras, enciende la linterna y coloca delante de ella cada constelación. Apunta la linterna hacia la pared. ¡Hay estrellas en tu habitación!

05

Sin apagar la linterna, enciende la luz. ¿Siguen ahí las estrellas?

El vacío en el espacio

Cuando hablamos de vacío en ciencia, nos referimos a la ausencia de todo, ni siquiera aire o gases. Cuando tenemos un vaso, aunque no haya agua o ningún otro líquido dentro, en realidad no está vacío por completo, ya que sigue estando lleno de aire.

Encontrar algo completamente vacío en nuestro planeta es muy difícil. De hecho, para lograrlo necesitamos algún tipo de maquinaria. Por ejemplo, cuando en el supermercado encontramos productos que están «envasados al vacío», quiere decir que se ha extraído todo el aire de dentro del envase para lograrlo. Esto se utiliza para poder conservar los alimentos en buen estado durante más tiempo.

El lugar donde sí que podemos encontrar el vacío es en el espacio, sobre todo en las grandes extensiones vacías que hay entre planetas o galaxias, donde sí podemos hablar de la ausencia de cualquier cosa, incluido de aire. Por eso, en el espacio no se puede respirar y es imprescindible que las estaciones espaciales donde viven astronautas estén completamente cerradas, para evitar que se pierda el oxígeno al espacio. Además, el vacío tiene una gran fuerza de succión que hace que, si se abre la puerta de la estación espacial, todo lo que hay dentro salga expulsado directamente a él.

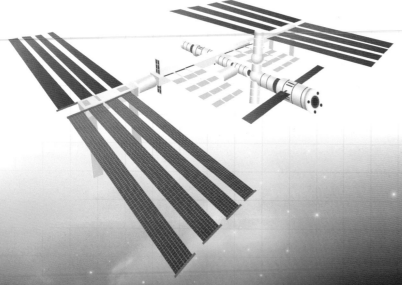

La fuerza del vacío

Necesitas

- Una placa de vidrio o cristal
- Una servilleta de papel
- Un vaso de cristal
- Agua
- Una vela
- Una cerilla

15 minutos de preparación

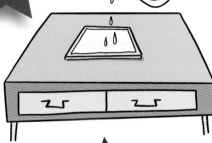

Atención

No utilices la vela sin supervisión adulta y ten mucho cuidado al levantar el vidrio.

Recomendación

Puedes conseguir el vidrio o cristal del marco de una foto.

01 Coloca la placa de vidrio o cristal sobre una mesa o una superficie plana.

02 Coloca la servilleta de papel en el centro de la placa y moja la servilleta con agua.

03 Coloca la vela en el centro de la servilleta y enciéndela.

04 Coloca el vaso bocabajo tapando la vela.

05 Espera a que la vela se apague y tira con cuidado del vaso hacia arriba.

¿Qué está pasando?

La vela se apaga cuando se consume todo el aire del interior del vaso, lo que hace que se genere el vacío dentro del vaso, que hace una gran fuerza de succión sobre el papel mojado pegado al vidrio. Por eso al levantar el vaso se levanta también la placa de vidrio. Para despegarlo deja que entre aire por los lados.

49

Viajar al espacio en un cohete

En el futuro tendremos nuevos retos pero ahora... ¿Por qué no podemos ir al espacio en avión? Los aviones se mueven dentro de la atmósfera gracias al aire, pero si queremos ir más allá y viajar por el espacio necesitamos otro medio de transporte: un cohete.

Los cohetes permiten viajar por el espacio, donde no hay aire, y viajan muy rápido ¡A 40 000 kilómetros por hora! Una velocidad hasta ahora desconocida para todos nosotros.

Para que un cohete funcione necesita, además de unas aletas que lo estabilicen, un motor de propulsión: un motor que quema combustible, como el hidrógeno, y que hace que el cohete avance por el impulso de su salida de gases.

Los cohetes pueden viajar al espacio gracias a la Tercera Ley de Newton: a toda fuerza le corresponde otra de igual magnitud en dirección contraria; es decir, el cohete sube con la misma fuerza que los gases ejercen hacia abajo.

La quema del combustible hace que se produzca mucha presión que se deja salir por un pequeño hueco. Al dejar salir la presión por abajo, se produce un empuje y el cohete sale propulsado hacia arriba.

Tanque externo de combustible

Sistema propulsor

Cohete propulsor

Orbitador

Motores principales

US-2021

¡Arriba, arriba y a **volar!**

15 minutos de preparación

Necesitas

- Una botella de plástico
- Tres lápices
- Cinta adhesiva
- Vinagre
- Bicarbonato
- Una cuchara grande
- Papel higiénico
- Un tapón de corcho

Recomendación

Haz el experimento en un lugar despejado al aire libre. También puedes decorar tu cohete con cartulina para que queda más espectacular.

01 Coloca tres lápices en los laterales de la parte superior de la botella para que hagan de soporte.

02 Introduce en la botella 250 ml de vinagre con mucho cuidado.

03 Coloca una cucharada grande de bicarbonato sobre un trozo de papel higiénico. Ciérralo bien y métalo en la botella.

04 Cierra la botella con el tapón de corcho, dale la vuelta para colocarlo sobre los lápices y aléjate rápido.

05 Aléjate de la botella preparada y espera unos minutos. ¿Qué ha pasado?

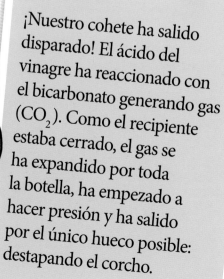

¿Qué está pasando?

¡Nuestro cohete ha salido disparado! El ácido del vinagre ha reaccionado con el bicarbonato generando gas (CO_2). Como el recipiente estaba cerrado, el gas se ha expandido por toda la botella, ha empezado a hacer presión y ha salido por el único hueco posible: destapando el corcho.

Satélites en el espacio

Más allá del cielo, a más de 10 000 kilómetros de altura, hay miles de satélites artificiales que cumplen funciones como: predecir el tiempo, transmitir las ondas de radio, televisión y llamadas de teléfono, ubicarnos gracias al GPS, etc. Pero ¿cómo consiguen quedarse «flotando» alrededor de la Tierra?

Los satélites no caen por la gravedad ni salen disparados al espacio. Esto se debe a dos factores: su velocidad y la atracción de la gravedad de la Tierra. Los satélites se equilibran entre ambas fuerzas para mantener su posición y no caer ni salir expulsados al espacio.

Actualmente hay unos 3 500 satélites artificiales orbitando alrededor del planeta. Estos cumplen una función concreta, pero existen otros miles de objetos más que no cumplen ninguna función y se consideran basura espacial. Son piezas sobrantes, satélites inactivos, trozos de cohetes, etc. Es un gran reto y nada fácil retirar o dejar de producir esta basura espacial, ¡el ser humano tiene que cumplir esta misión!

Tipos de satélites según su órbita

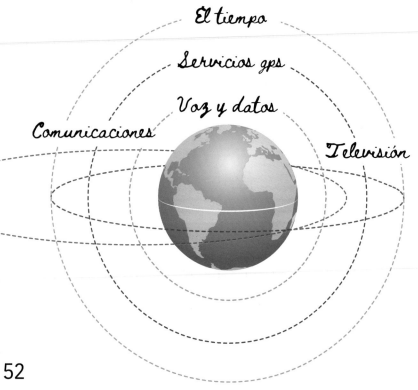

El tiempo

Servicios gps

Voz y datos

Comunicaciones

Televisión

Servicios gps

Voz y datos

El tiempo

Televisión

Comunicaciones

El equilibrio
de fuerzas

Necesitas
- Una cuerda
- Una hoja de papel

5 minutos de preparación

O1 ¡Empecemos! Haz una bola con la hoja de papel.

O2 A continuación anuda la cuerda a la pelota de papel pasándola por el centro.

O3 Tras dar cinco vueltas o más, suelta la cuerda. Mientras sostienes un extremo de la cuerda con la mano, haz girar describiendo un círculo con la bola hacia el suelo.

¿Sigue girando la bola mientras cae? ¡Fijaté bien! La bola cae en línea recta, no haciendo círculos.

O4

¿Qué está pasando?

Imagina que la bola es el satélite, tu mano es la Tierra y el cordel la fuerza de la gravedad. El satélite gira con cierta velocidad alrededor de la Tierra que ejerce una fuerza de atracción sobre él, pero se mantienen en equilibrio. Sin gravedad (sin cuerda) se iría por el espacio sin girar.

Los vehículos del futuro sin rozamiento

¿Alguna vez has pensado en cómo serían los coches si volaran? Prácticamente desde que se inventó el primer coche se pensó que el siguiente paso sería conseguir que los vehículos voladores estuvieran a nuestra disposición.

El motivo por el que se ha pensado en los vehículos voladores tiene una razón muy práctica: que el terreno no sea un inconveniente para viajar.

Cuando un coche se desplaza, necesita que el terreno sea lo más liso posible. Por eso se han desarrollado las carreteras, calles y autopistas asfaltadas. Pero cuando los coches salen de las carreteras deben moverse mucho más despacio y con cuidado, porque el rozamiento de las ruedas con el suelo lo frena, entre otras cosas.

El rozamiento es una de las fuerzas que hace que cualquier objeto se frene por sí solo una vez que lleva impulso. Igual que nos deslizamos sin problemas por una superficie pulida, como por el hielo, en cambio si intentamos deslizarnos en la arena nos frenamos rápidamente. El rozamiento en el aire es mínimo, así que es mucho mejor desplazarse por él. ¿Cuándo crees que podremos viajar en vehículos voladores? ¡Nos encantaría que fuese muy pronto! ¿A que sí?

Aerodeslizador
casero

30 minutos de preparación

Necesitas

- Un globo
- Un CD
- Un tapón de botella, preferiblemente con válvula
- Pegamento
- Cinta adhesiva

01

Pega el tapón de la botella en el CD asegurándote de que la base del tapón tape el agujero central del CD y la válvula queda hacia arriba.

Recomendación

Haz el experimento en una habitación despejada y con el suelo liso.

02 ¡Sopla, sopla! Infla el globo con aire.

03 Coloca el globo sobre la válvula cerrada y asegúralo con cinta adhesiva.

04 Abre la válvula con cuidado.

05 Deja el CD sobre el suelo y observa lo que ocurre.

¿Qué está pasando?

Cuando abrimos la válvula, el aire del globo sale poco a poco, generando una pequeña corriente de aire que levanta el CD unos milímetros del suelo. Al hacerlo, desaparece el rozamiento con la superficie, se queda flotando y el CD se desliza sin problemas.

DEBES CONOCER...

Anticiclón Región donde la presión atmosférica es más alta que el aire de alrededor, con lo que el tiempo allí suele ser más estable y sin lluvias.

Atmósfera Capa de gas que envuelve a un cuerpo celeste. La de la Tierra tiene varias capas (troposfera, estratosfera, mesosfera, termosfera y exosfera), contiene oxígeno para que podamos respirar y nos protege de la radiación solar y la explosión de meteoritos.

Borrasca Zona donde la presión atmosférica es más baja que el aire de alrededor y se producen tormentas.

Cráter Agujero o depresión que deja el impacto de un meteorito en la superficie de cualquier astro.

Eclipse Fenómeno en el que la luz de un astro se bloquea por la interposición de otro cuerpo celeste. Desde la Tierra pueden verse eclipses totales y parciales tanto del Sol como de la Luna.

Estrella Cuerpo celeste que tiene luz propia. La más cercana a la Tierra es el Sol.

Galileo Galilei Astrónomo y científico italiano que a principios del siglo XVII demostró con sus observaciones (con un telescopio primitivo) que la Tierra giraba alrededor del Sol. Sus teorías le enfrentaron con el poder de la Iglesia y fue juzgado por hereje.

Fases lunares En su movimiento alrededor de la Tierra, la parte visible de la Luna va cambiando y así tenemos Luna nueva (no se ve), Luna llena (cuando se ve entera) y también cuartos crecientes o menguantes.

Gravedad Fuerza por la cual los cuerpos con masa se atraen entre sí. Cuanta más masa tienen, más fuerza de atracción ejercen. Es la razón por la cual al soltar un objeto cae al suelo (se ve atraído por la Tierra) y que explica también las órbitas de los planetas alrededor del Sol o las de los satélites alrededor de los planetas.

Hiparco Astrónomo y matemático griego que hizo el primer catálogo de estrellas, dividió el día en 24 horas y calculó por primera vez la distancia que había desde la Tierra hasta la Luna.

Issac Newton Científico inglés nacido en el siglo XVI que descubrió las leyes de la física básicas:

Ley de la inercia: un cuerpo permanece en reposo o en movimiento rectilíneo si no actúa ninguna otra fuerza sobre él.

Ley de la dinámica: al aplicar fuerza sobre un objeto, este acelera, se para o cambia de rumbo y cuanto mayor sea la fuerza, mayor es la variación del movimiento.

Ley de acción y reacción: al aplicar una fuerza sobre un cuerpo, él aplica otra fuerza igual, pero en sentido contrario.

Ley de la gravedad: establece la fuerza con la que se atraen dos cuerpos simplemente por tener masa.

Meteorito Cuerpo del Sistema Solar de un tamaño de hasta 50 m que no se desintegra por completo en la atmósfera terrestre y termina cayendo al suelo.

NASA *National Aeronautics and Space Administration* (Administración Nacional Aeronáutica y Espacial) es la agencia estadounidense encargada de los programas espaciales, algunos tan famosos como el Apolo XI, que llevó al primer ser humano a la Luna.

Órbita Trayectoria con forma de elipse que describe un cuerpo celeste al girar alrededor de otro cuando está bajo la influencia de su fuerza de gravedad.

Planeta Cuerpo celeste que gira en torno a una estrella y no tiene luz propia. La Tierra es un planeta.

Presión atmosférica Peso que ejerce el aire en cualquier punto de la Tierra. Cuanto más alto estés, menos presión habrá y cuanto más bajo, más presión.

Rotación Movimiento de un astro al girar sobre su propio eje. La Tierra tiene el eje inclinado unos 23° y tarda unas 24 horas en completar el giro (un día), por lo que este movimiento es el responsable de que haya día y noche (según ilumine el Sol una cara u otra del planeta).

Satélite Cuerpo celeste que gira en torno a un planeta. La Tierra solo tiene un satélite, que es la Luna, pero hay planetas con cientos de satélites.

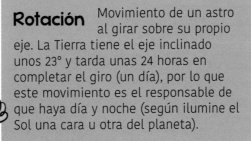

Sistema Solar Sistema planetario en el que está la Tierra. Consta de una estrella (el Sol) en torno a la que orbitan ocho planetas: Mercurio, Venus, Tierra, Marte, Júpiter, Saturno, Urano y Neptuno.

Traslación Movimiento de un astro cuando gira alrededor de otro. La Tierra gira alrededor del Sol y tarda 365 días y 6 horas en completar el giro (un año). Por el movimiento de traslación se suceden las estaciones, según se encuentre más cerca o lejos del Sol (más o menos luz y calor).